처용

김춘수 시선

처용

오늘의 시인 총서 2

민음사

차례

가을 저녁의 시

소년	11
가을 저녁의 시	12
모른다고 한다	13
늪	14
길바닥	15
부재	16
西風賦	17

꽃의 소묘

곤충의 눈	21
바람	22
눈짓	23
꽃	25
분수	26
죽음	28
꽃의 소묘	30
꽃을 위한 서시	34

裸木과 시

裸木과 시 序章	37
나목과 시	38

차례

소묘집

꽃밭에 든 거북 ——— 45
바위 ——— 46
꽃 1 ——— 47
어둠 ——— 48
꽃 2 ——— 49
구름 ——— 50
개 두 마리 ——— 51

雨季

눈에 대하여 ——— 55
雨季 ——— 57
귀향 ——— 59
가을 저녁 ——— 61
부다페스트에서의 소녀의 죽음 ——— 63

타령조

타령조 1 ——— 69
타령조 2 ——— 71
타령조 3 ——— 72
타령조 4 ——— 74
타령조 5 ——— 76

차례

타령조 6 ——— 77
타령조 7 ——— 79
타령조 8 ——— 81
타령조 9 ——— 83

샤갈의 마을에 내리는 눈

나의 하나님 ——— 87
샤갈의 마을에 내리는 눈 ——— 88
겨울밤의 꿈 ——— 89
서촌 마을의 서 부인 ——— 91
작은 언덕 위 ——— 92
새봄의 선인장 ——— 93
시 1 ——— 94
시 2 ——— 95
시 3 ——— 96

冬菊

冬菊 ——— 99
낙엽이 지고 ——— 100
부두에서 ——— 101
처용 ——— 102
봄바다 ——— 103
인동 잎 ——— 104

차례

유년時 ——————————————— 105
처용 3장 —————————————— 106
보름달 ——————————————— 108
잠자리 ——————————————— 109
라일락 꽃잎 ————————————— 110
아침에 ——————————————— 111
디딤돌 1 —————————————— 112
디딤돌 2 —————————————— 113
금송아지 —————————————— 114
눈물 ———————————————— 115

處容斷章(제1부)
處容斷章 —————————————— 119

해설/김주연
명상적 집중과 추억 ———————————— 133
연보 ———————————————— 149

가을 저녁의 시

소년

희맑은
희맑은 하늘이었다.

(소년은 졸고 있었다.)

열린 책장 위를
구름이 지나고 자꾸 지나가곤 하였다.

바람이 일다 사라지고
다시 일곤 하였다.

희맑은
희맑은 하늘이었다.

소년의 숨소리가
들리는 듯하였다.

가을 저녁의 시

누가 죽어가나 보다.
차마 다 감을 수 없는 눈
반만 뜬 채
이 저녁
누가 죽어가는가 보다.

살을 저미는 이 세상 외롬 속에서
물같이 흘러간 그 나날 속에서
오직 한 사람의 이름을 부르면서
애터지게 부르면서 살아온
그 누가 죽어가는가 보다.

풀과 나무 그리고 산과 언덕
온 누리 위에 스며 번진
가을의 저 슬픈 눈을 보아라.

정녕코 오늘 저녁은
비길 수 없이 정한 목숨이 하나
어디로 물같이 흘러가 버리는가 보다.

모른다고 한다

산은 모른다고 한다.
물은
모른다 모른다고 한다.

속잎 파룻파룻 돋아나는 날
모른다고 한다.
내가 기다리고 있는 것을
내가 이처럼 너를 기다리고 있는 것을

산은 모른다고 한다.
물은
모른다 모른다고 한다.

늪

늪을 지키고 섰는
저 수양버들에는
슬픈 이야기가 하나 있다.

소금쟁이 같은 것, 물장군 같은 것,
거머리 같은 것,
개밥 순채 물달개비 같은 것에도
저마다 하나씩
슬픈 이야기가 있다.

산도 운다는
푸른 달밤이면
나는
그들의 혼령을 본다.

갈대가 가늘게 몸을 흔들고
온 늪이 소리 없이 흐느끼는 것을
나는 본다.

길바닥

패랭이꽃은
숨어서
포오란 꿈이나 꾸고

돌맹이 같은 것 돌맹이 같은 것
돌맹이 같은 것은
폴 폴
먼지나 날리고

언덕에는 전봇대가 있고
전봇대 위에는
내 혼령의 까마귀가 한 마리
종일을 울고 있다.

부재

어쩌다 바람이라도 와 흔들면
울타리는
슬픈 소리로 울었다.

맨드라미 나팔꽃 봉숭아 같은 것
철마다 피곤
소리 없이 져버렸다.

차운 한겨울에도
외롭게 햇살은
청석 섬돌 위에서
낮잠을 졸다 갔다.

하릴없이 세월은 흘러만 가고
꿈결같이 사람들은
살다 죽었다.

西風賦

    너도 아니고 그도 아니고, 아무것도 아니고 아무것도 아닌데, 꽃인 듯 눈물인 듯 어쩌면 이야기인 듯 누가 그런 얼굴을 하고,
    간다 지나간다. 환한 햇빛 속을 손을 흔들며……
    아무것도 아니고 아무것도 아니고 아무것도 아니라는데, 왼통 풀냄새를 널어놓고 복사꽃을 울려놓고 복사꽃을 울려만 놓고, 환한 햇빛 속을 꽃인 듯 눈물인 듯 어쩌면 이야기인 듯 누가 그런 얼굴을 하고…….

꽃의 소묘

곤충의 눈

어딘가
소리 있는 곳으로 귀 기울이는
예쁘디예쁜
열린 창이여,

꽃이슬에 젖은
새벽 길 위에 서서
그 많은 소녀들은 아직도
기다리고 있을까.

단 한 번인 목숨,
누구를 위하여도 죽을 수 없는
그 자라가는 소녀들의
열린 창이여.

바람

풀밭에서는
풀들의 몸놀림을 한다.
나뭇가지를 지날 적에는
나뭇가지의 소리를 낸다…….

풀밭에 나뭇가지에
보일 듯 보일 듯
벽공에
사과알 하나를 익게 하고
가장자리에
금빛 깃의 새들을 날린다.

눈짓

1

그것들은 내 눈앞을
그냥 스쳐가 버렸을까.

산마루에
피었다 사라진
구름 한 조각,
온 하루를
내 곁에서 울다 간
어느 날의 바람의 그 형상.

그것들은 지금
숨쉬며 어디서
자라가고 있을까.

2

戰地에로 간
병정들의 눈
무서운 눈

꽃이 지면
여운은 그득히
뜰에 남는데
어디로 그들은 가버렸을까.

그들은 그때
돌의 그 심야의 가슴속에
잊지 못할 하나의 눈짓을
두고 갔을까.

꽃

내가 그의 이름을 불러주기 전에는
그는 다만
하나의 몸짓에 지나지 않았다.

내가 그의 이름을 불러주었을 때
그는 나에게로 와서
꽃이 되었다.

내가 그의 이름을 불러준 것처럼
나의 이 빛깔과 향기에 알맞는
누가 나의 이름을 불러다오.
그에게로 가서 나도
그의 꽃이 되고 싶다.

우리들은 모두
무엇이 되고 싶다.
너는 나에게 나는 너에게
잊혀지지 않는 하나의 눈짓이 되고 싶다.

분수

1

발돋움하는 발돋움하는 너의 자세는
왜 이렇게
두 쪽으로 갈라져서 떨어져야 하는가.

그리움으로 하여
왜 너는 이렇게
산산이 부서져서 흩어져야 하는가.

2

모든 것을 바치고도
왜 나중에는
이 찢어지는 아픔만을
가져야 하는가.

네가 네 스스로에 보내는

이별의
이 안타까운 눈짓만을 가져야 하는가.

3

왜 너는
다른 것이 되어서는 안 되는가,

떨어져서 부서진 무수한 네가
왜 이런 선연한 무지개로
다시 솟아야만 하는가.

죽음

1

죽음은 갈 것이다.
어딘가 거기
초록의 샘터에
빛 뿌리며 섰는 황금의 나무……
죽음은 갈 것이다.
바람도 나무도 잠든
한밤에
죽음이 가고 있는 경건한 발소리를
너는 들을 것이다.

2

죽음은 다시
돌아올 것이다.
가을 어느 날
네가 걷고 있는 잎 진 가로수 곁을

돌아오는 죽음의
풋풋하고 의젓한 無名의 그 얼굴,
죽음은 너를 향하여
미지의 제 손을 흔들 것이다.
죽음은
네 속에서 다시
숨쉬며 자라갈 것이다.

꽃의 소묘

1

꽃이여, 네가 입김으로
대낮에 불을 밝히면
환히 금빛으로 열리는 가장자리,
빛깔이며 향기며
花粉이며…… 나비며 나비며
축제의 날은 그러나
먼 추억으로서만 온다.

나의 추억 위에는 꽃이여,
네가 머금은 이슬의 한 방울이
떨어진다.

2

사랑의 불 속에서도
나는 외롭고 슬펐다.

사랑도 없이
스스로를 불태우고도
죽지 않는 알몸으로 미소하는
꽃이여,

눈부신 순금의 阡의 눈이여,
나는 싸늘하게 굳어서
돌이 되는데.

3

네 미소의 가장자리를
어떤 사랑스런 꿈도
침범할 수는 없다.

금술 은술을 늘이운
머리에 칠보화관을 쓰고
그 아가씨도

신부가 되어 울며 떠났다.

꽃이여, 너는
아가씨들의 간을
쪼아먹는다.

4

너의 미소는 마침내
갈 수 없는 하늘에
별이 되어 박힌다.

멀고 먼 곳에서
너는 빛깔이 되고 향기가 된다.
나의 추억 위에는 꽃이여,
네가 머금은 이슬의 한 방울이
떨어진다.

너를 향하여 나는
외로움과 슬픔을
던진다.

꽃을 위한 서시

나는 시방 위험한 짐승이다.
나의 손이 닿으면 너는
미지의 까마득한 어둠이 된다.

존재의 흔들리는 가지 끝에서
너는 이름도 없이 피었다 진다.
눈시울에 젖어드는 이 無名의 어둠에
추억의 한 접시 불을 밝히고
나는 한밤 내 운다.

나의 울음은 차츰 아닌 밤 돌개바람이 되어
탑을 흔들다가
돌에까지 스미면 금이 될 것이다.

……얼굴을 가린 나의 신부여.

裸木과 시

裸木과 시 序章

겨울 하늘은 어떤 불가사의의 깊이에로 사라져 가고,
있는 듯 없는 듯 무한은
무성하던 잎과 열매를 떨어뜨리고
무화과나무를 나체로 서게 하였는데,
그 예민한 가지 끝에
닿을 듯 닿을 듯하는 것이
시일까,
언어는 말을 잃고
잠자는 순간,
무한은 미소하며 오는데
무성하던 잎과 열매는 역사의 사건으로 떨어져 가고,
그 예민한 가지 끝에
명멸하는 그것이
시일까,

나목과 시

1

시를 잉태한 언어는
피었다 지는 꽃들의 뜻을
든든한 대지처럼
제 품에 그대로 안을 수가 있을까,
시를 잉태한 언어는
겨울의
설레는 가지 끝에
설레며 있는 것이 아닐까,
일진의 바람에도 민감한 촉수를
눈 없고 귀 없는 無邊으로 뻗으며
설레는 가지 끝에
설레며 있는 것이 아닐까.

2

이름도 없이 나를 여기다 보내 놓고

나에게 언어를 주신
모국어로 불러도 싸늘한 어감의
하나님,
제일 위험한 곳
이 설레는 가지 위에 나는 있습니다.
무슨 층계의
여기는 上의 끝입니까,
위를 보아도 아래를 보아도
발뿌리가 떨리는 것입니다.
모국어로 불러도 싸늘한 어감의
하나님,
안정이라는 말이 가지는
그 미묘하게 설레는 의미 말고는
나에게 안정은 없는 것입니까,

3

엷은 햇살의

외로운 가지 끝에
언어는 저만 혼자 남았다.
언어는 제 손바닥에
많은 것들의 무게를 느끼는 것이다.
그것은 몸 저리는
희열이라 할까, 슬픔이라 할까,
어떤 것들은 환한 얼굴로
언제까지나 웃고 있는데,
어떤 것들은 서운한 몸짓으로
떨어져 간다.
──그것들은 꽃일까,
외로운 가지 끝에
혼자 남은 언어는
많은 것들이 두고 간
그 무게의 명암을
희열이라 할까, 슬픔이라 할까,
이제는 제 손바닥에 느끼는 것이다.

4

새야,
그런 위험한 곳에서도
너는
잠시 자불음에 겨운 눈을 붙인다.
3월에는 햇살도
네 등덜미에서 졸고 있다.
너희들처럼
시도
잠시 자불음에 겨운 눈을 붙인다.
비몽사몽간에
시는 우리가
한동안 씹어 삼킨 과실들의 酸味를
美酒로 빚어 영혼을 적신다.
시는 해탈이라서
심상의 가장 은은한 가지 끝에
빛나는 금속성의 음향과 같은
음향을 들으며
잠시 자불음에 겨운 눈을 붙인다.

소묘집

꽃밭에 든 거북

거북이 한 마리 꽃그늘에 엎드리고 있었다. 조금씩 조금씩 조심성 있게 모가지를 뻗는다. 사방을 두리번거린다. 그리곤 머리를 약간 옆으로 갸웃거린다. 마침내 머리는 어느 한 자리에서 가만히 머문다. 우리가 무엇에 귀 기울일 때의 그 자세다. (어디서 무슨 소리가 들려오고 있는 것일까,)

이윽고 그의 모가지는 차츰차츰 위로 움직인다. 그의 모가지가 거의 수직이 되었을 때, 그때 나는 이상한 것을 보았다. 있는 대로 뻗은 제 모가지를 뒤틀며 입을 벌리고, 그는 하늘을 향하여 무수히 도래질을 한다. 그 동안 그의 전반신은 무서운 저력으로 공중에 완전히 떠 있었다. (이것은 그의 울음이 아니었을까,)

다음 순간, 그는 모가지를 소로시 옴츠리고 땅바닥에 다시 죽은 듯이 엎드렸다.

바위

바위는 몹시 심심하였다. 어느 날, (그것은 우연이었을까,) 바위는 제 손으로 제 몸에 가느다란 금을 한 가닥 그어 보았다. 오, 얼마나 몸 저리는 一瞬이었을까, 바위는 열심히 제 몸에 무늬를 수놓게 되었던 것이다. 점점점 번져가는 희열의 물살 위에 바위는 둥둥 떴다. 마침내 바위는 제 몸에 무늬를 수놓고 있는 것이 제 자신인 것을 까마득히 잊어버렸다.

바위는 모르고 있지만, 그때부터다. 내가 그의 얼굴에 고요한 미소를 보게 된 것은……「바위야 왜 너는 움직이지 않니」, 이렇게 물어보아도 이제 바위에게는 아무것도 들리지 않는다.

꽃 1

그는 웃고 있다. 개인 하늘에 그의 미소는 잔잔한 물살을 이룬다. 그 물살의 무늬 위에 나는 나를 가만히 띄워본다. 그러나 나는 이미 한 마리의 황나비는 아니다. 물살을 흔들며 바닥으로 바닥으로 나는 가라앉는다.

한나절, 나는 그의 언덕에서 울고 있는데, 陶然히 눈을 감고 그는 다만 웃고 있다.

어둠

  촛불을 켜면 면경의 유리알, 衣籠의 나전, 어린것들의 눈망울과 입 언저리, 이런 것들이 하나씩 살아난다.
  차츰 燭心이 서고 불이 제자리를 정하게 되면, 불빛은 방안에 그득히 원을 그리며 윤곽을 선명히 한다. 그러나 아직도 그 윤곽 안에 들어오지 않는 것이 있다. 들여다보면 한 바다의 수심과 같다. 고요하다. 너무 고요할 따름이다.

꽃 2

바람도 없는데 꽃이 하나 나무에서 떨어진다. 그것을 주워 손바닥에 얹어놓고 바라보면 바르르 꽃잎이 훈김에 떤다. 花粉도 난〔飛〕다. 「꽃이여!」라고 내가 부르면, 그것은 내 손바닥에서 어디론지 까마득히 멀어져 간다.
 지금, 한 나무의 변두리에 뭐라는 이름도 없는 것이 와서 가만히 머문다.

구름

　구름은 딸기밭에 가서 딸기를 몇 개 따먹고 〈아직 맛이 덜 들었군!〉 하는 얼굴을 한다.
　구름은 흰 보자기를 펴더니, 양털 같기도 하고 무슨 헝겊쪽 같기도 한 그런 것들을 늘어놓고, 혼자서 히죽이 웃어보기도 하고 혼자서 깔깔깔 웃어보기도 하고——
　어디로 갈까? 냇물로 내려가서 목욕이나 하고 화장이나 할까 보다. 저 뭐라는 높다란 나무 위에 올라가서 휘파람이나 불까 보다. 그러나 구름은 딸기를 몇 개 더 따먹고 이런 청명한 날에 미안하지만 할 수 없다는 듯이, 〈아직 맛이 덜 들었군!〉 하는 얼굴을 한다.

개 두 마리

개 한 마리가 짖어댄다. 다른 데서 또 한 마리가 짖어댄다. 두 마리 개의 짖어댐은 밤하늘의 그리 높지 않은 어디서 서로 부딪쳐 피를 흘린다. 한 마리는 죽고 다른 한 마리는 겨우 살아 남는다. 살아 남은 한 마리는 제 울대에 그러나 갑자기 슬프디슬픈 긴 꼬리를 달고, 제가 죽인 다른 한 마리의 뒤를 하염없이 따라간다.

雨季

눈에 대하여

눈을 희다고만 할 수는 없다.
눈은
羽毛처럼 가벼운 것도 아니다.
눈은 보기보다는 무겁고,
우리들의 영혼에 묻어 있는
어떤 사나이의 검은 손때처럼
눈은 검을 수도 있다.
눈은 검을 수도 있다.
눈은 물론 희다.
우리들의 말초신경에 바래고 바래져서
눈은
오히려 병적으로 희다.
우리들이 일곱 살 때 본
복동이의 눈과 수남이의 눈과
三冬에도 익던 서정의 과실들은
이제는 없다. 이제는 없다.
만 톤의 우수를 싣고
바다에는
군함이 한 척 닻을 내리고 있다.

뭇 발에 밟히어 진탕이 될 때까지
눈을 희다고만 할 수는 없다.
눈은
우모처럼 가벼운 것도 아니다.

雨季

눈에 봄을 담은 소녀여 뉴케아여, 너는 죽고
너를 노래한 희랍의 시인도 죽고
지금은 비가 내린다.
젖빛 구름
지중해
거기서 나는 포도의 많은 송이를
흙탕물에 우리들의 발이 짓밟는다.
소녀 뉴케아여,
우리들의 망막에 곰팡이는 슬고
퀴퀴한 곳에서
벼룩 빈대가 알을 깐다.
습기 있는 눈물은 누가 우는가,
찾아갈 고향도 없는데
도시의 오물은 수챗구멍으로 빠져나갈 것인가,
눈에 봄을 담은 소녀여,
뉴케아여,
너는 죽고
희망도 없이 기다리는 사람들의 마음에
지금은 비가 내린다.

비는 내려서
또다시 소녀 뉴케아여,
봄을 담은 네 눈을 우리들의 추억이 적시고
하꼬방의 판자 위에 무심히 잠들어 있는 유아의 뼛속
으로 스민다.
삼백육십 개의 유아의 뼛속에서 흐르는
비의 강물이여,
소녀 뉴케아는 삼백육십 번을 거기서도 죽고
지금은 마흔 날 마흔 밤을 비가 내린다.

귀향

바람은
냇가에 개나리를 피게 하지만,
그리고
그 色身 고운 눈만 먹고 겨울을 살았다는
산 발치의 붉은 열매,
붉은 열매를 따먹는 산토끼의 눈에는
지금은
엷은 연두색의 하늘이 떨어져 있지만,
산토끼야 산토끼야
너는 보았겠지,
무덤 속
조상들의 혼령까지 짓밟고 간
그 사나이의 거대한 군화를
산토끼야
바람은 陰 유월에는
무화과나무에
맛있는 무화과도 익게 하겠지만,
이 고장의 젊은이들은 마음이 시들하다.
유서 깊은 아궁이에 어머니가 지피는

불은
아직도 따뜻하고 아직도 순수하지만,
이 고장의 젊은이들은 마음이 시들하다.
석탄이 아닌
석유가 아닌
문명 이전의 솔가리 타는 냄새가 슬퍼서 그런 것은 아
니다.
그런 것은 아니다.
꽃들은
명절날의 아가씨들처럼 하고
왜 얼굴을 붉힐까,
지금은 아니 무너진 城이 없고
무구한 아무것도 없는데
왜
유구한 하늘 아래 어디서는
새봄의 속잎들도 돋아나고 있을까.

가을 저녁
──릴케의 章

세계의 무슨 화염에도 데이지 않는
천사들의 순금의 팔에 이끌리어
자라가는 신들,
어떤 신은
입에서 코에서 눈에서
돋쳐나는 암흑의 밤의 손톱으로
제 살을 핥아서 피를 내지만
살점에서 흐르는 피의 한 방울이
다른 신에 있어서는
다시 없는 의미의 향료가 되는 것을,
라이너 마리아 릴케,
당신의 눈은 보고 있다.
천사들이 겨울에도 얼지 않는 손으로
나무에 꽃을 피우고 있는 것을,
죽어간 소년의 등뒤에서
또 하나 작은 심장이 살아나는 것을,
라이너 마리아 릴케,
당신의 눈은 보고 있다.
하늘에서

죽음의 재는 떨어지는데
이제사 열리는 채롱의 문으로
믿음이 없는 새는
어떤 몸짓의 날개를 치며 날아야 하는가를,

부다페스트에서의 소녀의 죽음

다뉴브강에 살얼음이 지는 동구의 첫겨울
가로수 잎이 하나 둘 떨어져 뒹구는 황혼 무렵
느닷없이 날아온 수 발의 소련제 탄환은
땅바닥에
쥐새끼보다도 초라한 모양으로 너를 쓰러뜨렸다.
순간,
바쉬진 네 頭部는 소스라쳐 30보 상공으로 튀었다.
頭部를 잃은 목통에서는 피가
네 낯익은 거리의 鋪道를 적시며 흘렀다.
──너는 열세 살이라고 그랬다.
네 죽음에서는 한 송이 꽃도
흰 깃의 한 마리 비둘기도 날지 않았다.
네 죽음을 보듬고 부다페스트의 밤은 목놓아 울 수도
없었다.
죽어서 한결 가비여운 네 영혼은
감시의 일만의 눈초리도 미칠 수 없는
다뉴브강 푸른 물결 위에 와서
오히려 죽지 못한 사람들을 위하여 소리 높이 울었다.
다뉴브강은 맑고 잔잔한 흐름일까,

요한 슈트라우스의 그대로의 선율일까,
음악에도 없고 세계 지도에도 이름이 없는
한강의 모래사장의 말없는 모래알을 움켜쥐고
왜 열세 살 난 한국의 소녀는 영문도 모르고 죽어갔
을까,
죽어갔을까, 악마는 등뒤에서 웃고 있었는데
열세 살 난 한국의 소녀는
잡히는 것 아무것도 없는
두 손을 허공에 저으며 죽어갔을까,
부다페스트의 소녀여, 네가 한 행동은
네 혼자 한 것 같지가 않다.
한강에서의 소녀의 죽음도
동포의 가슴에는 짙은 빛깔의 아픔으로 젖어든다.
기억의 분한 강물은 오늘도 내일도
동포의 눈시울에 흐를 것인가,
흐를 것인가, 영웅들은 쓰러지고 두 달의 항쟁 끝에
너를 겨눈 같은 총부리 앞에
네 아저씨와 네 오빠가 무릎을 꿇은 지금
인류의 양심에서 흐를 것인가,

마음 약한 베드로가 닭 울기 전 세 번이나 부인한
지금,
　다뉴브강에 살얼음이 지는 동구의 첫겨울
　가로수 잎이 하나 둘 떨어져 뒹구는 황혼 무렵
　느닷없이 날아온 수 발의 소련제 탄환은
　땅바닥에
　쥐새끼보다도 초라한 모양으로 너를 쓰러뜨렸다.
　부다페스트의 소녀여,
　내던진 네 죽음은
　죽음에 떠는 동포의 치욕에서 역으로 싹튼 것일까,
　싹은 비정의 수목들에서보다
　치욕의 푸른 멍으로부터
　자유를 찾는 네 뜨거운 핏속에서 움튼다.
　싹은 또한 인간의 비굴 속에 생생한 이마주로 움트며
위협하고
　한밤에 불면의 炎炎한 꽃을 피운다.
　부다페스트의 소녀여.

타령조

타령조 1

사랑이여, 너는
어둠의 변두리를 돌고 돌다가
새벽녘에사
그리운 그이의
겨우 콧잔등이나 입 언저리를 발견하고
먼동이 틀 때까지 눈이 밝아오다가
눈이 밝아오다가, 이른 아침에
파이프나 입에 물고
어슬렁어슬렁 집을 나간 그이가
밤, 자정이 넘도록 돌아오지 않는다면,
어둠의 변두리를 돌고 돌다가
먼동이 틀 때까지 사랑이여, 너는
얼마만큼 달아서 병이 되는가,
병이 되며는
무당을 불러다 굿을 하는가,
넋이야 넋이로다 넋반에 담고
打鼓冬冬 打鼓冬冬 구슬채찍 휘두르며
役鬼神하는가,
아니면, 모가지에 칼을 쓴 춘향이처럼

머리칼 열 발이나 풀어뜨리고
저승의 산하나 바라보는가,
사랑이여, 너는
어둠의 변두리를 돌고 돌다가……

타령조 2

저
머나먼 紅毛人의 도시
비엔나로 갈까나,
프로이트 박사를 찾아갈까나,
뱀이 눈뜨는
꽃 피는 내 땅의 3월 초순에
내 사랑은
서해로 갈까나 동해로 갈까나,
용의 아들
羅睺羅 처용 아빌 찾아갈까나,
엘리엘리나마사박다니
나마사박다니 내 사랑은
먼지가 되었는가 티끌이 되었는가,
굴러가는 역사의
차바퀴를 더럽히는 지린내가 되었는가
구린내가 되었는가,
썩어서 果木들의 거름이나 된다면
내 사랑은
뱀이 눈뜨는
꽃 피는 내 땅의 3월 초순에.

타령조 3

지귀야,
네 살과 피는 삭발을 하고
가야산 해인사에 가서
독경이나 하지.
환장한 너는
종로 네거리에 가서
남녀노소의 구둣발에 차이기나 하지.
금팔찌 한 개를 벗어 주고
선덕여왕께서 도리천의 여왕이 되신 뒤에
지귀야,
네 살과 피는 삭발을 하고
가야산 해인사에 가서
독경이나 하지.
환장한 너는
종로 네거리에 가서
남녀노소의 구둣발에 차이기나 하지.
때마침 내리는
밤과 비에 젖기나 하지.
오한이 들고 신열이 나거들랑

네 살과 피는 또 한 번 삭발을 하고
지귀야,

타령조 4

파스칼 프티의 헤어스타일을 하고
2촌 5푼 높이의 하이힐을 신고 당신은
지금 어디를 간다고 가고 있는가,
플라타너스에는 미풍이 있고
미풍에 나부끼는
색색가지 빛깔의 뉴스가 있고
비둘기 똥도 두어 곳 떨어져 있는
한여름 그러한 네거리를
가슴을 펴고 활개를 치며
당신은 가려거든 가거라,
장마 뒤 땡볕에 얼굴을 굽히며
잘 생긴 콧등에 선글라스도 멋지게 얹고
가슴을 펴고 활개를 치며
당신은 가려거든 가거라,
가려거든 가거라, 산에서 날아온
산비둘기다.
천둥이 울고 간 다음날 아침의
당신은 7월달 나팔꽃이다.
파스칼 프티의 헤어스타일을 하고

2촌 5푼 높이의 하이힐을 신고 당신은
지금 어디를 간다고 가고 있는가.

타령조 5

쓸개 빠진 녀석의 쓸개 빠진 사랑을 보았나,
녀석도 참
나중에는 제 불알을 따서
새끼들을 먹였지,
애비의 불알 먹는 새끼들을 보았나,
그래서 녀석의 새끼들은
간이 곪았지,
  불알 먹었다. 불알 먹었다.
  불쌍한 울아부지 불알 먹었다.
그래서 녀석의 새끼들은
뿔이 돋쳤지,
눈두덩에 뿔이 돋친 귀신이 됐지,
쓸개 빠진 녀석의 쓸개 빠진 사랑을 보았나,
녀석도 참
나중에는 오뉴월 구름으로 흐르다가
입춘 가까운 눈발로도 쏠리다가
히히 히히 히
쓸개 빠진 녀석은 쓸개 빠진 웃음을
웃을 뿐이지.

타령조 6

그 해 여름은
6월 한 달을 비만 보내다가
7월 한 달도
구질구질한 비만 보내오다가
8월 어느 날 난데없이 달려와서는
서둘렀을까,
지나가는 붕어팔이 노인을 불러다가
못물에 구름을 띄우기도 하고
수국을 피우고
그 동안 썩어 있던
로비비아 줄기에서도 어느새
갓난애기 귓불만한
로비비아를 뽑아 올리고,
그처럼 너무 서두르다가
웃통을 벗은 채로
쿵 하고 갑자기 쓰러졌을까,
정말 그처럼 허무하게
그녀의 마당에서 그 해 여름은
쿵 하고 쓰러져선 일어나지 못했을까,

건장한 몸이 6월 한 달을
비만 보내다가, 7월 한 달도
구질구질한 비만 보내오다가 8월 어느 날
난데없이 달려와서는……

타령조 7

시무룩한 내 영혼의 언저리에
툭 하고 하늘에서
사과알 한 개가 떨어진다.
가을은 마음씨가 헤프기도 하여라.
땀 흘려 여름 내내 익혀온 것을
아낌없이 주는구나.
혼자서 먹기에는 부끄러운 以上으로
나는 정말 처치곤란이구나.
누구에게 줄꼬,
받아든 한 알의 사과를
사랑이여,
나는 또 누구에게 줄꼬,
마음씨가 옹색해서
삼시 세 끼를 내 먹다 남은 찌꺼기
비릿한 것의
비릿한 그 오장육부 말고는
너에게 준 것이라곤 나는 아무것도 없다.
아무것도 없다. 허구한 날 손가락 끝이 떨리기만 하고
나는 너에게

가을에 사과알 한 개를 주지 못했다.
받아든 한 알의 사과를
사랑이여,
나는 또 누구에게 줄꼬.

타령조 8

등골뼈와 등골뼈를 맞대고
당신과 내가 돌아누우면
아테네 사람 플라톤이 생각난다.
잃어버린 유년, 잃어버린 사금파리 한쪽을 찾아서
당신과 나는 어느 이데아 어느 에로스의 들창문을
기웃거려야 하나,
보이지 않는 것의 깊이와 함께
보이지 않는 것의 무게와 함께
육신의 밤과 정신의 밤을 허우적거리다가
결국은 돌아와서 당신과 나는
한 시간이나 두 시간 피곤한 잠이나마
잠을 자야 하지 않을까,
당신과 내가 돌아누우면
등골뼈와 등골뼈를 가르는
嗚咽과도 같고, 잃어버린 하늘
잃어버린 바다와 잃어버린 작년의 여름과도 같은
용기가 있다면 그것을 참고 견뎌야 하나
참고 견뎌야 하나, 결국은 돌아와서
한 시간이나 두 시간 내 품에

꾸겨져서 부끄러운 얼굴을 묻고
피곤한 잠을 당신이 잠들 때,

타령조 9

재떨이에 던져진 꽁초
멋대로 나동그라진 꽁초,
흰자윌 드러내고
천장을 치떠보는 꽁초,
지그시 눈을 감고
필터를 깨물던
타고 있던 그때가 멋이었구나
멋이었구나, 거리로 나서자
밤과 낮의 뒤통수에
퐁 불구멍을 내주던
그때가 그대로 멋이었구나.
재떨이에 던져진 꽁초
멋대로 나동그라진 꽁초
흰자윌 드러내고
천장을 치떠보는 꽁초는
필터 가까운 한 부분이
아직 한 번도 타지 못한 그 부분이
이젠 좀 분하고 억울할 따름이라네.

샤갈의 마을에 내리는 눈

나의 하나님

사랑하는 나의 하나님, 당신은
늙은 비애다.
푸줏간에 걸린 커다란 살점이다.
시인 릴케가 만난
슬라브 여자의 마음속에 갈앉은
놋쇠 항아리다.
손바닥에 못을 박아 죽일 수도 없고 죽지도 않는
사랑하는 나의 하나님, 당신은 또
대낮에도 옷을 벗는 어리디어린
순결이다.
3월에
젊은 느릅나무 잎새에서 이는
연둣빛 바람이다.

샤갈의 마을에 내리는 눈

샤갈의 마을에는 3월에 눈이 온다.
봄을 바라고 섰는 사나이의 관자놀이에
새로 돋은 정맥이
바르르 떤다.
바르르 떠는 사나이의 관자놀이에
새로 돋은 정맥을 어루만지며
눈은 수천 수만의 날개를 달고
하늘에서 내려와 샤갈의 마을의
지붕과 굴뚝을 덮는다.
3월에 눈이 오면
샤갈의 마을의 쥐똥만한 겨울열매들은
다시 올리브빛으로 물이 들고
밤에 아낙들은
그 해의 제일 아름다운 불을
아궁이에 지핀다.

겨울밤의 꿈

저녁 한동안 가난한 시민들의
살과 피를 데워주고
밥상머리에
된장찌개도 데워주고
아버지가 식후에 석간을 읽는 동안
아들이 식후에
이웃집 라디오를 엿듣는 동안
연탄가스는 가만 가만히
쥐라기의 지층으로 내려간다.
그날 밤
가난한 서울의 시민들은
꿈에 볼 것이다.
날개에 산홋빛 발톱을 달고
앞다리에 세 개나 새끼공룡의
순금의 손을 달고
서양 어느 학자가
Archaeopteryx라 불렀다는
쥐라기의 새와 같은 새가 한 마리
연탄가스에 그을린 서울의 겨울의

제일 낮은 지붕 위에
내려와 앉는 것을,

서촌 마을의 서 부인

서 부인의 손은 나이보다 젊고
이마는 아직도 밝은 밀감빛이다.
서 부인이 봄나들이를 가면
麥葉에도 하늘이 그득히 고이고
서 부인이 가을 나들이를 가면
바다가 수심을 드러내고
그 많은 사과알이
하늘로 깊숙이 떨어지는 것을 본다.
서 부인이 나들이를 가지 않으면
하늘은
낮 동안 멍청히 나누웠다가
한밤에 서 부인의 머리맡에 와서 근심스럽게
에메랄드의 눈을 뜬다.
서 부인이 나들이를 가지 않으면
우피 장화를 신은 팔자수염의 장군이
사냥개를 몰고 왔다 가고
서촌 마을은
시들시들 앓아눕는다.
바다는
시들어 낙엽이 진다.

작은 언덕 위

쥐약을 먹었는지 쥐가 한 마리
내장을 드러내고 죽어 있다.
내장이 하얗게 바래지고 있다.
한 달을 비가 오지 않는다.
제주도로 올라온 저기압골은
다시 밀리어
남태평양으로 갔다고 한다.
웃통을 벗은 아이가 둘
가고 있다.
그들의 발뒤꿈치에서 먼지가 인다.
먼지도 하얗게 바래진다.
흙냄새가 풍기지 않는다.
금잔화의 노란 꽃잎 둘레가
한결 뚜렷하다.

새봄의 선인장

한쪽 젖을 잘린
그쪽 겨드랑이의 임파선도 모조리 잘린
아내는 마취에서 깨지 않고 있다.
수술실까지의 긴 복도를
발통 달린 침대에 실려
아내는 아직도 가고 있는지,
지금
죽음에 흔들리는 시간은
내 가는 늑골 위에
하마를 한 마리 걸리고 있다.
아내의 머리맡에 놓인
선인장의
피어나는 싸늘한 꽃망울을 느낄 뿐이다.

시 1

동체에서 떨어져 나간 새의 날개가
보이지 않는 어둠을 혼자서 날고
한 사나이의 무거운 발자국이 지구를 밟고 갈 때
허물어진 세계의 안쪽에서 우는
가을 벌레를 말하라.
아니
바다의 순결했던 부분을 말하고
베고니아의 꽃잎에 듣는
아침 햇살을 말하라.
아니
그을음과 굴뚝을 말하고
겨울 습기와
한강변의 두더지를 말하라.
동체에서 떨어져 나간 새의 날개가
보이지 않는 어둠을 혼자서 날고
한 사나이의 무거운 발자국이
지구를 밟고 갈 때.

시 2

구름은 바보,
내 발바닥의 티눈을 핥아주지 않는다.
핥아주지 않는다. 내 겨드랑이에서 듣는
땀방울은 오갈피나무의 암갈색,
솟았다간 쓰러지는
분수의 물보래야, 너는
그의 살을 탐내지 마라.
대학 본관 드높은 지붕 위의
구름은 바보.

시 3

사과나무의 阡의 사과알이
하늘로 깊숙이 떨어지고 있고
뚝 뚝 뚝 떨어지고 있고
금붕어의 지느러미를 움직이게 하는
어항에는 크나큰 바다가 있고
바다가 너울거리는 녹음이 있다.
그런가 하면
비에 젖는 섣달의 산다화가 있고
부러진 못이 되어
길바닥을 뒹구는 사랑도 있다.

冬菊

冬菊

미 8군 후문
철조망은 대문자로 OFF LIMIT
아이들이 5, 6인 둘러앉아
모닥불을 피우고 있다.
아이들의 구기잣빛 남근이
오들오들 떨고 있다.
冬菊 한 송이가 삼백오십 원에
일류 예식장으로 팔려 간다.

낙엽이 지고

낙엽이 지고 눈이 내린다.
잠들기 전에 너는
겨울 바다가 우는 소리를 듣고
꿈에 너는
冬麥의 푸른 잎을 보리라.
동맥의 푸른 잎을 보고 잠을 깨면
너는 네 손발의 따스함을 느끼리라.

부두에서

바다에 굽힌 사나이들,
하루의 노동을 끝낸
저 사나이들의 억센 팔에 안긴
깨지지 않고 부서지지 않은
온전한 바다,
물개들과 상어떼가 놓친
그 바다,

처용

인간들 속에서
인간들에 밟히며
잠을 깬다.
숲속에서 바다가 잠을 깨듯이
젊고 튼튼한 상수리나무가
서 있는 것을 본다.
남의 속도 모르는 새들이
금빛 깃을 치고 있다.

봄바다

모발을 날리며 오랜만에
바다를 바라고 섰다.
눈보라도 걷히고
저 멀리 물거품 속에서
제일 아름다운 인간의 여자가
탄생하는 것을 본다.

인동 잎

눈 속에서 초겨울의
붉은 열매가 익고 있다.
서울 근교에서는 보지 못한
꽁지가 하얀 작은 새가
그것을 쪼아먹고 있다.
월동하는 인동 잎의 빛깔이
이루지 못한 인간의 꿈보다도
더욱 슬프다.

유년時

그 해의
늦은 눈이 내리고 있다.
눈은 山茶花를 적시고 있다.
산다화는
어항 속의 금붕어처럼
입을 벌리고 있다.
산다화의
명주실 같은 늑골이
수없이 드러나 있다.

처용 3장

1

그대는 발을 좀 삐었지만
하이힐의 뒷굽이 비칠하는 순간
그대 순결은
型이 좀 틀어지긴 하였지만
그러나 그래도
그대는 나의 노래 나의 춤이다.

2

6월에 실종한 그대
7월에 산다화가 피고 눈이 내리고,
난로 위에서
주전자의 물이 끓고 있다.
서촌 마을의 바람받이 서북쪽 늙은 홰나무,
맨발로 달려간 그날로부터 그대는
내 발가락의 티눈이다.

3

바람이 인다. 나뭇잎이 흔들린다.
바람은 바다에서 온다.
생선가게의 납새미 도다리도
시원한 눈을 뜬다.
그대는 나의 지느러미 나의 바다다.
바다에 물구나무선 아침 하늘,
아직은 나의 순결이다.

보름달

계수나무 한 나무
토끼 한 마리
돛단배에 실려 인도양을 가고 있다.
석류꽃이 만발하고, 마주 보면 슬픔도
金銀의 소리를 낸다.
멀리 덧없이 멀리
명왕성까지 갔다가 오는
금은의 소리를 낸다.

잠자리

白露 가까운 개울물 소리
별에서도 풀벌레가 운다.
수세미잎에 앉은 잠자리 한 마리
그의 허리는 부러지고 있다.
입 안에 든 달디단 과자처럼
그는 조금씩 녹아내리고 있다.

라일락 꽃잎

한 아이가 나비를 쫓는다.
나비는 잡히지 않고
나비를 쫓는 그 아이의 손이
하늘의 저 투명한 깊이를 헤집고 있다.
아침 햇살이 라일락 꽃잎을
흥건히 적시고 있다.

아침에

크고 꺼칠한 손이
햇서리가 내린 밀감나무의
밀감을 따고 있었다.
밀감밭이 있는
탱자나무 울 저쪽의 언덕길을
바다를 바라고
한 마리 살진 망아지가 달리고 있었다.

디딤돌 1

디딤돌이 달빛에 젖어 있다.
아내의 한쪽 발이 놓인다.
어디선가 가을 귀뚜리가 운다.
무중력 상태의 한없이 먼 곳에
아내는 떠 있는 느낌이다.

디딤돌 2

천사는 프라하로 가서
시인과 함께 즐거운 식사를 하고,
반 고흐는
면도날로 제 한쪽 귀를 베고 있었다.
누가 가만 가만히
디딤돌을 하나하나 밟고 간다.

금송아지

한낮의 금송아지,
목이 마른
여름 한낮의 금송아지,
가장 슬기로운 바람은
느릅나무 그늘에서 숨을 돌리고,
죽음을 죽이는
바다는
고혈압의 코피를 흘린다.

눈물

남자와 여자의
아랫도리가 젖어 있다.
밤에 보는 오갈피나무,
오갈피나무의 아랫도리가 젖어 있다.

맨발로 바다를 밟고 간 사람은
새가 되었다고 한다.
발바닥만 젖어 있었다고 한다.

處容斷章
제1부

處容斷章

1

바다가 왼종일
새앙쥐 같은 눈을 뜨고 있었다.
이따금
바람은 한려수도에서 불어오고
느릅나무 어린 잎들이
가늘게 몸을 흔들곤 하였다.

날이 저물자
내 늑골과 늑골 사이
홈을 파고
거머리가 우는 소리를 나는 들었다.
베고니아의
붉고 붉은 꽃잎이 지고 있었다.

그런가 하면 다시 또 아침이 오고
바다가 또 한 번
새앙쥐 같은 눈을 뜨고 있었다.

뚝 뚝 뚝, 阡의 사과알이
하늘로 깊숙이 떨어지고 있었다.

가을이 가고 또 밤이 와서
잠자는 내 어깨 위
그 해의 새 눈이 내리고 있었다.
어둠의 한쪽이 조금 열리고
개동백의 붉은 열매가 익고 있었다.
잠을 자면서도 나는
내리는 그
희디흰 눈발을 보고 있었다.

2

3월에도 눈이 오고 있었다.
눈은
라일락의 새순을 적시고
피어나는 산다화를 적시고 있었다.

미처 벗지 못한 겨울 털옷 속의
일찍 눈을 뜨는 남쪽 바다,
그날 밤 잠들기 전에
물개의 수컷이 우는 소리를 나는 들었다.
3월에 오는 눈은 송이가 크고,
깊은 수렁에서처럼
피어나는 산다화의
보얀 목덜미를 적시고 있었다.

3

벽이 걸어오고 있었다.
늙은 홰나무가 걸어오고 있었다.
한밤에 눈을 뜨고 보면
호주 선교사네 집
회랑의 벽에 걸린 청동시계가
겨울도 다 갔는데
검고 긴 망토를 입고 걸어오고 있었다.

내 곁에는
바다가 잠을 자고 있었다.
잠자는 바다를 보면
바다는 또 제 품에
숭어새끼를 한 마리 잠재우고 있었다.

다시 또 잠을 자기 위하여 나는
검고 긴
한밤의 망토 속으로 들어가곤 하였다.
바다를 품에 안고
한 마리 숭어새끼와 함께 나는
다시 또 잠이 들곤 하였다.

*

호주 선교사네 집에는
호주에서 가지고 온 해와 바람이
따로 또 있었다.
탱자나무 울 사이로
겨울에 죽두화가 피어 있었다.

주님 생일날 밤에는
눈이 내리고,
내 눈썹과 눈썹 사이 보이지 않는 하늘을
나비가 날고 있었다.
한 마리 두 마리,

4

눈보다도 먼저
겨울에 비가 오고 있었다.
바다는 가라앉고
바다가 있던 자리에
군함이 한 척 닻을 내리고 있었다.
여름에 본 물새는
죽어 있었다.
물새는 죽은 다음에도 울고 있었다.
한결 어른이 된 소리로 울고 있었다.
눈보다도 먼저

겨울에 비가 오고 있었다.
바다는 가라앉고
바다가 없는 해안선을
한 사나이가 이리로 오고 있었다.
한쪽 손에 죽은 바다를 들고 있었다.

5

아침에 내린
복동이의 눈과 수동이의 눈은
두 마리의 금송아지가 되어
하늘로 갔다가
해질 무렵
저희 아버지의 외발 달구지에 실려
금 간 쇠방울 소리를 내며
돌아오곤 하였다.
한밤에 내린
복동이의 눈과 수동이의 눈은 또

잠자는 내 닫힌 눈꺼풀을
더운 물로 적시고 또 적시다가
동이 트기 전
저희 아버지의 외발 달구지에 실려
금 간 외방울 소리를 내며
돌아가곤 하였다.

*

눈이 내리고 있었다.
눈은 아침을 뭉개고
바다를 뭉개고 있었다.
먼저 핀 산다화 한 송이가
시들고 있었다.
눈이 내리고 있었다.
아이들이 서넛 둘러앉아
불을 지피고 있었다.
아이들의 목덜미에도 불 속으로도
눈이 내리고 있었다.

6

모과나무 그늘로
느린 햇발의 땅거미가 지고 있었다.
지는 석양을 받은
작은 비탈 위
구기자 몇 알이 올리브빛으로 타고 있었다.
금붕어의 지느러미를 쉬게 하는
어항에는 크낙한 바다가
저물고 있었다.
Vou 하고 뱃고동이 두 번 울었다.
모과나무 그늘로
느린 햇발의 땅거미가 지고 있었다.
장난감 분수의 물보라가
솟았다간
하얗게 쓰러지곤 하였다.

7

새장에는 새똥 냄새도 오히려 향긋한
저녁이 오고 있었다.
잡혀 온 산새의 눈은
꿈을 꾸고 있었다.
눈 속에서 눈을 먹고 겨울에 익는 열매
붉은 열매,
봄은 한잎 두잎 벚꽃이 지고 있었다.
입에 바람개비를 물고 한 아이가
비 개인 해안통을 달리고 있었다.
한 계집아이는 고운 목소리로
산토끼 토끼야를 부르면서
잡목림 너머 보리밭 위에 깔린
노을 속으로 사라지고 있었다.
거짓말처럼 사라지고 있었다.

8

내 손바닥에 고인 바다,
그때의 어리디어린 바다는 밤이었다.
새끼 무수리가 처음의 깃을 치고 있었다.
봄이 가고 여름이 오는 동안
바다는 많이 자라서
허리까지 가슴까지 내 살을 적시고
내 살에 테 굵은 얼룩을 지우곤 하였다.
바다에 젖은
바다의 새하얀 모래톱을 달릴 때
즐겁고도 슬픈 빛나는 노래를
나는 혼자서만 부르고 있었다.
여름이 다한 어느 날이던가 나는
커다란 해바라기가 한 송이
다 자란 바다의 가장 살진 곳에 떨어져
점점점 바다를 덮는 것을 보았다.

9

팔다리를 뽑힌 게가 한 마리
길게 파인 수렁을 가고 있었다
길게 파인 수렁의 개나리꽃 그늘을
우스꽝스런 몸짓으로 가고 있었다.
등에 업힌 듯한 그
두 개의 눈이 한없이 무겁게만 보였다.

10

은종이의 천사는
울고 있었다.
누가 코밑 수염을 달아주었기 때문이다.
제가 우는 눈물의 무게로
한쪽 어깨가 조금 기울고 있었다.
조금 기운 천사의
어깨 너머로

얼룩 암소가 아이를 낳고 있었다.
아이를 낳으면서
얼룩 암소도 새벽까지 울고 있었다.
그 해 겨울은 눈이
그 언저리에만 오고 있었다.

11

울지 말자.
산다화가 바다로 지고 있었다.
꽃잎 하나로 바다는 가려지고
바다는 비로소
밝은 날의 제 살을 드러내고 있었다.
발가벗은 바다를 바라보면
겨울도 아니고 봄도 아닌
雪晴의 하늘 깊이
울지 말자,
산다화가 바다로 지고 있었다.

12

겨울이 다 가도록 운동장의
짧고 실한 장의자의 다리가 흔들리고 있었다.
겨울이 다 가도록
아이들의 목덜미는 모두
눈에 덮인 가파른 비탈이었다.
산토끼의 바보,
무르팍에 피를 조금 흘리고 그때
너는 거짓말처럼 죽어 있었다.
봄이 와서
바람은 또 한 번 한려수도에서 불어오고
겨울에 죽은 네 무르팍의 피를
바다가 씻어주고 있었다.
산토끼의 바보,
너는 죽어 바다로 가서
밝은 날 햇살 퍼지는
내 조그마한 눈웃음이 되고 있었다.

13

봄은 가고
그득히 비어 있던 풀밭 위 여름,
네잎토끼풀 하나,
상수리나무 잎들의
바다가 조금씩 채우고 있었다.
언제나 거기서부터 먼저
느린 햇발의 땅거미가 지고 있었다.
탱자나무 울이 있었고
탱자나무 가시에 찔린
서녘 하늘이 내 옆구리에
아프디아픈 새 발톱의 피를 흘리고 있었다.

명상적 집중과 추억

김주연

1966년 필자는 김춘수의 시를 말하는 자리에서 다음과 같은 글을 쓴 일이 있다.

〈김춘수의 「인동 잎」이 보여주는 시적 성과는 현실에 대한 울분이나 노여움도 아니고 한국 사람 정서의 근본을 만드는 회한의 한숨도 아니다. '인동 잎'이라는 사물에 대한 인식이 시의 힘으로써 지탱되고 있다. 사실상 우리 시에 있어 김춘수만큼 철저한 인식의 시인도 드물다. 그것은 세계의 일반적인 질서에 이르는 개인의 눈을 그가 가지고 있다는 것을 뜻한다.〉

필자의 이와 같은 생각은 거의 10년이 가까워진 지금에 와서도 별로 변함이 없다. 필자 자신의 생각이 그만큼 굳은 것이라기보다 김춘수의 시세계가 이미 그러한 방향에서 확고해져 버렸음을 뜻하는 것이다. 6권의 시집을 상재(上梓)한 바 있는 춘수는 그중 5권을 이미 그의 30대, 즉 1960년 이전에 내놓았으며, 그 뒤에 내놓은 것은 한 권(1969년 『타령조 기타』)에 불과하다. 따라서 1966년 이후의 작업에 커다란 변화가 없다는 것은 당연한 일처럼 보일는지 모른다. 그러나 이러한 관찰이 보여주기 쉬운 함정──가령 춘수의 시작(詩作)이 저조 혹은 부진했다는──을 피하기 위해서 우리는 무엇보다 그의 근작편들「타령조」연작과「처용」연작을 염두에 둘 필요가 있다. 사실상 1966년 이후 춘수의 작품은 주목할 만한 진경(進境)·성숙을 보여온 것으로 판단되기 때문이다.

그렇다면 김춘수 시의 특질로 지적되는 〈인식의 시〉란 무엇을 뜻하는가. 이것을 명쾌히 파악하기 위해서는 인용의 대상이 되었던「인동 잎」을 다시 자세히 살펴볼 필요가 있다.

눈 속에서 초겨울의
붉은 열매가 익고 있다.
서울 근교에서는 보지 못한
꽁지가 하얀 작은 새가
그것을 쪼아먹고 있다.
월동하는 인동 잎의 빛깔이
이루지 못한 인간의 꿈보다도
더욱 슬프다.

──「인동 잎」

〈이루지 못한 인간의 꿈보다도/더욱 슬프다〉는 끝의 2행을 제외하고 읽어보면, 이 작품은 무엇이 시의 대상이고, 또 그것을 통해서 시인이 무엇을 말하려고 하는지 딱히 알 수 없을 만큼 하나의 풍경 소묘에 작품 전체가 그대로 제공되어 있다. 독자가 여기서 맛볼 수 있는 감정이란 초겨울의 한 선연한 풍미 단지 그것뿐이다. 〈이 시는 무엇을 말하려고 하는가?〉〈또 그것은 대체 의미 있는 일인가?〉 하는 의문을 가지고 그의 작품에 다가설 경우, 그것은 의문 그대로 공전하는 느낌을 받는다. 그렇다면 춘수의 시는 엉터리이며 쓸모 없는 말장난에 지나지 않는 것인가? 그러나 이 질문에 있어서 우리는 당연히 그것에 동의할 수 없다. 왜냐하면 〈인동 잎〉으로 제시된 한 폭의 풍경 앞에서 우리의 마음은 맑은 감정 이입의 순간을 느끼게 되기 때문이다. 그것은 흡사 한 폭의 그림, 한 폭의 사진, 혹은 한 폭의 글씨 앞에서 만나게 되는 전체적이며 동시적인 어떤 연상의 순간과 흡사한 것이다. 말하자면 일상적인 사물, 구체적인 설명으로 〈무엇〉인가를 〈말하려고〉 하지 않고 시인 자신의 머리에 떠오른 어떤 관념을 풍경적 묘사를 통해서 구체화한 것이다. 그 관념은 이렇다 할 의미를 갖고 있지 않는, 무상의 관념을 지향한다.

　무상의 관념이란 의미가 제거된 넌센스 Nonsense의 세계를 말한다. 즉, 시에서 쓰이는 언어를 그 사회와의 관계에서 차단해 버리고 언어 그 자체를 절대화한다는 전제가 거기에는 의식·무의식적으로 깔려 있다. 시가 언어로 쓰여지는 것이기는 하되, 또 그것을 쓰는 주체가 인간이기는 하되, 사회적인 제관계의 복합적인 측면이 시 그 자체엔 절대로 개입해서는 안 된다는 주장을 이른바 순수시라는 이름으로 이해할 때, 춘수의 그것은 이를테면 순수시인 셈이다. 그것은 근본적으로 시의 대상이 되는 모든 사물 그 자체에 대한 회의라고 할 수 있다. 시가 사회적인 안목으로도 어떤 의미를 띠어야 한다고 생각하는 것이 사물 자체에 대한 회의는 접어두고 행해지는 것이라면, 순수시란 필경 사물과 언어의 존재 양태에 대한 끈덕진 질문이라고 할 수 있을 것이다.

나는 시방 위험한 짐승이다.
나의 손이 닿으면 너는
미지의 까마득한 어둠이 된다.

존재의 흔들리는 가지 끝에서
너는 이름도 없이 피었다 진다.
——「꽃을 위한 서시」

「꽃을 위한 서시」의 일부를 한 번 읽어보라. 여기에는 이렇다 할 시의 대상이 없음을 독자들은 발견하게 될 것이다. 〈미지의 까마득한 어둠〉, 〈존재의 흔들리는 가지 끝에서〉 이름도 없이 피었다 지는 그 무엇, 그것은 사물 자체에 대한 회의가 시작될 때 발생하는 모든 존재의 한 비밀스러운 구석이다. 그것은 사람이어도 좋고, 짐승이어도 좋고, 생명조차 없는 무생물, 심지어는 바로 언어 그것이어도 좋다. 이것이 춘수가 그 시의 특색으로 갖고 있는 무상의 관념이라고 할 수 있을 것 같다.

김춘수가 언어의 의미보다, 오히려 그 존재에 관심을 갖고 있다는 것은 이미 1950년대의 「꽃」 연작에서 서서히 드러나고 있다.

내가 그의 이름을 불러주기 전에는
그는 다만
하나의 몸짓에 지나지 않았다.

내가 그의 이름을 불러주었을 때
그는 나에게로 와서
꽃이 되었다.
———「꽃」

　서술적으로 쓰이고 있으나 「꽃」은 김춘수가 시에 있어서의 관심이 사물의 존재에 있다는 것을 보여주는 데 있어서 매우 중요한 작품이다. 시인이 이름을 불러주기 전에는 〈다만/하나의 몸짓에 지나지 않〉는 사물, 누가 일컬어 〈꽃〉이라고 하겠는가. 그것은 상식의 차원에서도 쉽게 이해될 만한 일이다. 세상에는 무수한 사물들이 있고 그들은 모두 그들 나름의 이름을 달고 있지만, 그 이름이란 사물 스스로의 존재 밑바닥에서 올라온 이름인가. 오히려 그들은 사회의 상투적인 습관에 의해서 주어진 부질없는 명명(命名)인지 모른다. 단지 그것들을 구별하려는 세상의 안이한 눈이 만들어준 이름은 아닐까. 그러나 시인은 그것을 부인한다.
　시인은 세상사람〔俗人〕으로서 세상 편에 서지 않고 오히려 사물 그 자체의 편이 되어 그와 함께 존재의 심연에 빠져보고 거기서 그 이름을 찾아주려는 것이다. 그러므로 의미의 거부는 속인의 거부이며, 그럼으로써 시인은 그 자신이 사물화하는 것이다. 〈내가 그의 이름을 불러주었을 때/그는 나에게로 와서/꽃이 되었다〉는 것이 아닌가. 꽃은 식물적인 자기 기능에 의해서 꽃이 피는 것이 아니다. 적어도 인간에게는 그렇게 받아들여지는 것이 아니다. 꽃은 꽃을 꽃으로 볼 줄 아는 시인에 의해서 비로소 꽃이 되는 것이다. 필자가 모두(冒頭)에서 말한 〈인식의 시〉란 바로 그것을 두고 말하는 것이다. 인식이란 알고자 하는 노력이며, 더

나아가 철저히 알고자 하는 노력이다. 그것은 필연적으로 회의를 동반한다. 한 포기의 무심한 꽃, 한 잔의 무심한 술 …… 그러나 그것을 꽃도 아니고 술도 아닌 〈어둠〉으로 파악하고 그 〈흔들리는 가지 끝에〉까지 가봄으로써 만나게 되는 이름. 필자는 바로 그러한 과정을 시에서 인식이라는 말로 부르고 있다.

꽃이여, 네가 입김으로
대낮에 불을 밝히면
환히 금빛으로 열리는 가장자리,
빛깔이며 향기며
花粉이며 …… 나비며 나비며
축제의 날은 그러나
먼 추억으로서만 온다.
――「꽃의 소묘」

춘수의 꽃은 이렇듯 한국인의 완상적(玩賞的) 정서를 배반하며, 아울러 회한어린 심정적 의탁을 의도적으로 무시하고 있다. 그의 꽃은 그러니까 무상무념의 한 부호에 지나지 않는다. 꽃이라면 생각되는 상투적인 아름다움, 혹은 그 단아·화려한 이미지는 애당초 없는 것이다. 그 사정을「꽃을 위한 서시」의 종련(終聯)은 다음과 같이 감동적으로 표출하고 있다.

나의 울음은 차츰 아닌 밤 돌개바람이 되어
탑을 흔들다가
돌에까지 스미면 금이 될 것이다.

…… 얼굴을 가린 나의 신부여.

──「꽃을 위한 서시」

　김춘수가 시를 처음 쓰기 시작한 것은 광복 2년 뒤인 1947년의 일이다. 그의 처녀 시집 이름은 『구름과 장미』인데 시인 스스로 그 시집명을 가리켜 〈매우 상징적인 뜻을 지니고 있다〉고 고백하고 있다(대표작 자선자평(自選自評)「의미에서 무의미까지」,《문학사상》). 무슨 말이냐 하면, 구름은 우리 고전 시가(詩歌)에도 많이 나오는 낯익은 말이지만 장미는 박래어(舶來語)이며, 따라서 『구름과 장미』라는 이름에는 두 개의 이질적인 요소가 공존하고 있다는 것이다. 1940년대 시인답게 춘수는 〈전통적인 한국 것〉과 〈서양으로부터 온 새 것〉을 화합하고자 하는 야심을 은연중에 갖고 있었던 것 같다. 그 〈장미〉는 특히 〈순수한 모순〉의 표상으로 우리에게도 읽히고 있는 저 릴케의 장미였다. 초기에 그는 릴케에 심취했던 모양이었고 또 실제로 그에 대한 작품을 쓰기도 했다.

　　세계의 무슨 화염에도 데이지 않는
　　천사들의 순금의 팔에 이끌리어
　　자라가는 신들
　　(중략)
　　라이너 마리아 릴케,
　　당신의 눈은 보고 있다.
　　　　　　──「가을 저녁 ── 릴케의 章」

　구름과 장미를 동시에 쳐다보고 있었지만 춘수에게 있어

서 근본적으로 강한 시의 모티프로 잘 통했던 것은 구름보다는 장미였다. 그만큼 그의 출발은 관념적이었다.

그러나 춘수가 처음부터 무상의 관념에서 출발한 것은 아니다. 시인이고자 하는 사람들이 대체로 그렇듯이 그도 처음엔 전통적인 서정주의에 대한 소박한 믿음을 기초로 시를 쓰기 시작한 것으로 보인다. 첫 시집 『구름과 장미』라든가 제2시집 『늪』, 그리고 제3시집 『기(旗)』에 이르기까지 그러한 믿음은 의심 없이 지속되고 있는 것 같다. 그것은 헝가리에서 치솟은 자유를 위한 민중의 투쟁과 그 과정에 죽어간 인간을 한국의 상황과 대비, 서술적으로 읊조린 「부다페스트에서의 소녀의 죽음」까지 거의 큰 변화 없이 계속된다. 실상 춘수로서는 요설이라고 할 수 있을 정도의 서술적 지루함과 그 자신이 가장 혐오해 마지않는 관념어의 추상적 조합, 게다가 분노의 의지마저 포함하고 있는 「부다페스트에서의 소녀의 죽음」은 비교적 절제되어 온 이 시인의 감정이 가장 노골적으로 누설된, 이 시인으로서는 이례적인 작품이라고 할 수 있다. 아무튼 그는 이 작품을 분기로 서서히 인간과 세계, 그 내면의 공간으로 관심을 돌리기 시작한다. 그러나 자세히 살펴볼 때, 춘수는 서정주의 시대에 벌써 인간과 세계에 대한 근본적인 어떤 자기 나름의 철학을 지니고 있었던 듯하다. 가령 「서풍부(西風賦)」를 보자.

너도 아니고 그도 아니고, 아무것도 아니고 아무것도 아닌데, 꽃인 듯 눈물인 듯 어쩌면 이야기인 듯 누가 그런 얼굴을 하고,
간다 지나간다. 환한 햇빛 속을 손을 흔들며 ……
아무것도 아니고 아무것도 아니고 아무것도 아니라는데, 왼

통 풀냄새를 널어놓고 복사꽃을 울려놓고 복사꽃을 울려만 놓고, 환한 햇빛 속을 꽃인 듯 눈물인 듯 어쩌면 이야기인 듯 누가 그런 얼굴을 하고……

――「서풍부」

이 작품은 얼핏 보기에 서정적인 한국의 전통 정서에 밀착되어 있는 것처럼 보인다. 복사꽃, 눈물, 햇빛 들 자연 내지는 그로 인한 일차적 감응이 시어로서 주어지고 있으며, 이 시의 모티프가 어디에 있든지 간에 그것들은 자연과의 화합을 보여준다. 그러나 그럼에도 불구하고 「서풍부」에는 자연 의탁적인, 혹은 자연 존숭적(自然尊崇的)인 재래의 릴리시즘 흔적이 현저히 배제되어 있다. 〈꽃인 듯 눈물인 듯 어쩌면 이야기인 듯〉이라는 표현은 대체 무엇을 말함인가. 우선 우리는 여기서 사용된 〈꽃〉이라는 낱말이 서정주의자들이 무심코 쓰고 있는 일상적인 자연으로서의 〈꽃〉과는 약간 다른 내포(內包)를 띠고 있음을 주목하지 않을 수 없다. 그것은 〈눈물〉이라고 해도 좋고, 〈이야기〉라고 해도 좋은 그 어떤 것에 지나지 않는다. 이 시에서 중요한 것은 그러한 불확실의 대상이 아니다. 〈너도 아니고 그도 아니고, 아무것도 아〉니기 때문이다. 중요한 것이 있다면 주체가 분명히 밝혀지지 않은 가운데 〈간다〉, 〈지나간다〉는 행위일 것이다. 〈환한 햇빛 속을 손을 흔들며〉 지나가는 행위에 대한 조망일 것이다.

춘수에게 있어 대상이 되는 사물의 선택보다 행동에 대한 조망이 중요하다는 사실은 필연적으로 그를 묘사의 시인으로 만들고 있다. 「꽃의 소묘」「소묘집」이라는 소제목이 나와 있고 시제 자체가 「꽃」「시」 등으로 나와 있는 데서 엿

볼 수 있는 것처럼 묘사란 시인으로서 의도적인 작업이다. 그것은 시를 서술함으로써 발생하게 되는 주관, 특히 감정과 인간적 의지의 개입을 최대한으로 저지하려고 하는 노력이다. 그렇기 때문에 그는 어떤 대상을 택하는가 하는 문제에 구애받지 않고 무엇이든 그 사물의 존재를 그 사물이 내보이고 있는 형상에 대한 묘사를 반복함으로써 밝혀내려고 한다. 춘수 스스로 〈내게 있어 사물과 언어는 따로 떨어져 있지 않다〉고 고백하고 있는데, 이 말은 그와 같은 시인이 도달하게 되는 필연의 경지일 것이다. 왜냐하면 사물이란 시에 앞서서 피사체처럼 먼저 존재하는 것이 아니라 시인이 묘사를 해나가는 과정에서 획득되기 때문이다. 춘수의 시가 거의 모두 그러하지만 한 좋은 예로 「꽃 2」를 들어볼 수 있다.

　바람도 없는데 꽃이 하나 나무에서 떨어진다. 그것을 주워 손바닥에 얹어놓고 바라보면　바르르 꽃잎이 훈김에 떤다. 花粉도 난〔飛〕다. 「꽃이여!」라고 내가 부르면, 그것은 내 손바닥에서 어디론지 까마득히 멀어져 간다.
　지금, 한 나무의 변두리에 뭐라는 이름도 없는 것이 와서 가만히 머문다.
──「꽃 2」

　철저한 묘사의 시다. 시인의 목소리나 표정이 일체 발견되지 않는다. 마치 사진을 찍듯, 무엇인가를 열심히 묘사하고 있다. 그러나 물론 묘사의 시와 사진찍기와는 전혀 다른 것이다. 묘사는 무엇보다 실제로 존재하는 실재(實在)의 묘사와 함께 그것을 보다 높은 차원에서 리드하는 시인 내부의 관념의 투영(投影)인 까닭이다. 외부의 풍경 묘사로 시종하고 있는 듯이 보이는 경우에 있어서도 그것은 시인의 속에 담겨진 관념을 유추하고 있는 것이다. 따라서 묘사를 사진찍기에 비유하자면 시인의 관념을 찍는 일이요, 더 자세히 말해서 시인의 의식을 찍는 일이다. 그것은 렌즈를 통해서 인화지에 투영되듯 일차원의 세계가 아니다. 무수한 굴절과 조합, 때로는 파괴에 의해 조성되는 복잡한 지적 조작이다.

그렇다면 김춘수의 관념 속 깊숙이 자리잡고 있는 의식의 핵은 무엇인가. 도대체 무엇을 아날로지하고 있는 것인가 하는 문제가 미상불 궁금하지 않을 수 없다. 이것을 알아보기 위해서는 앞서 인용한 「꽃의 소묘」가 한 단서가 될 수 있을 듯하다. 즉 「꽃의 소묘」 첫째 연 끝 3행을 보면 이렇다.

> 花粉이며 …… 나비며 나비며
> 축제의 날은 그러나
> 먼 추억으로서만 온다.

묘사의 긴장이 풀어진, 다분히 설명적인 요소가 들어 있으나 이 작품은 시인의 의식의 끝이 노출된 결정적인 정보를 우리에게 누설하고 있다. 모든 관념의 축제는 〈먼 추억으로서만 온다〉는 것이 그것이다. 이러한 단서를 잡고 그의 시를 살펴볼 때, 그는 아주 섬세한 감정으로 무엇인가를 부끄러워하며, 무엇인가를 감추려고 한다는 것을 눈치챌 수 있다. 그러한 수줍음, 은폐의 노력은 필경 이 시인의 의식이 과거, 그것도 유년시절에의 추억을 일종의 콤플렉스로

지니고 있는 것이 아닐까 하는 추측을 가능케 한다. 1966년 이후 가장 큰 업적으로 판단되는 「처용단장(處容斷章) 제1부」의 조사에서 그것은 그대로 증명된다.

    1

    바다가 왼종일
    새앙쥐 같은 눈을 뜨고 있었다.
    이따금
    바람은 한려수도에서 불어오고
    느릅나무 어린 잎들이
    가늘게 몸을 흔들곤 하였다.

    2

    3월에도 눈이 오고 있었다.
    (중략)
    피어나는 산다화를 적시고 있었다.
    (중략)
    깊은 수렁에서처럼
    피어나는 산다화의
    보얀 목덜미를 적시고 있었다

    3

    다시 또 잠을 자기 위하여 나는
    검고 긴

한밤의 망토 속으로 들어가곤 하였다.
바다를 품에 안고
한 마리 숭어새끼와 함께 나는
다시 또 잠이 들곤 하였다.

8

내 손바닥에 고인 바다
그때의 어리디어린 바다는 밤이었다.
새끼 무수리가 처음의 깃을 치고 있었다.
(중략)

――「處容斷章」

 손에 잡히는 대로 뽑아본 연작시 「처용단장」의 분위기는 이렇듯 〈처용〉이라는 고대의 설화적 인물 설정에도 불구하고 〈처용〉에 대한 구체적인 어떤 관련성을 보여주지 않는다. 그 대신 「처용단장」은 바다와 밤, 그리고 〈3월에 오는 눈〉, 〈눈보다도 먼저 겨울에 오는 비〉, 〈한 마리 숭어새끼〉, 〈두 마리의 금송아지〉, 〈팔다리를 뽑힌 게 한 마리〉 〈아이를 낳는 얼룩 암소〉와 같은 이미지들에 의하여 암울한, 그러나 몽환에 가득 차 있는 시인의 어린 시절을 반영하고 있다. 묘사를 통한 순수·객관을 지향하고 있는 이 시인은 세속적인 이미지의 발생을 극력 기피하고 있으나, 밤바다와 낯선 동물에의 환각으로 항구의 어린 소년의 이미지를 성공적으로 구축하고 있는 「처용단장」은 춘수의 의식을 발바닥에서 조종하고 있는 것이 억압된 어린 시절의 욕망이라는 것을 여실히 드러내고 있다. 그것은 한 내성적인 소년의 빨리 자란 감정의 세계다. 그가 얼마나 내성적이었나 하는 것은 온종일 더불어 살 수밖에 없는 무변(無邊)의 바다를 〈새앙쥐 같은 눈을 뜨고 있었다〉고 말하는 대목에서 명백하게 찾을 수 있다. 외계로 향한 이와 같은 적대감은 소년의 정서가 불만의 수준에 머물고 있었다는 것을 말해주는바, 그는 현실 속에서 현실을 보는 것 대신에 낯선 풍경, 혹은 왜곡된 질서 속에서 현실을 바라본다. 아이를 낳은 얼룩 암소, 눈보다 먼저 내리는 겨울비. 그는 마침내 〈호주 선교사네 집/회랑의 벽에 걸린 청동시계가/겨울도 다 갔는데/검고 긴 망토를 입고 걸어오고 있었다〉고 말한다. 그의 환각적 감성의 발달을 보여주는 극명한 예로서 그 현실은 마치 꿈속의 현실이 그렇듯이 심리학적인 해부를 필요로 할 만하다. 그러나 우리는 여기서 다만 그것들이 모두 시인의 의식 근원을 이루고 있다는 점, 〈처용〉이란 이때 그것을 감추기 위한 유추 작용에 지나지 않는다는 것만을 알아두자.

김춘수가 순수·객관을 지향하고 있다는 것은 그러므로 지극히 당연한 시적 추구로 믿어진다. 그는 내성의 의식을 오랫동안 익혀 온 시인이며, 따라서 어느 누구보다도 말해야 할 자기 속의 관념이 풍부한 시인이다. 애당초 그에게는 자기 밖의 현실에 눈을 돌리고 거기서 이야기를 수집하고, 다시 그것을 의미화할 시간적인 여유, 즉 감응력(感應力)이 절실한 것으로 비치지 않았을 것이다. 그러나 관념은 관념으로서 전달되지 않는다. 누구보다 춘수 자신이 그것을 잘 알고 있다. 이때 그 관념을 육화시켜 주기 위해서 차용된 아날로지로서의 사물이 보편적인 일상 경험 속의 그것과 같을 수 없다는 것은 당연한 일이다. 그의 언어는 〈없는 사물〉을 만들어주기 위하여 언어 그것만으로 보다 순수해져야 할

지극한 당위성 앞에 놓여 있다. 우리가 그의 시를 통해서 획득하게 되는 즐거움이 있다면, 그의 이러한 아픈 추억들이 아니라 그것이 강요해 낸 아름다운 말의 진행일 것이다.

(문학평론가·숙명여대 교수)

연보

1922년	11월 25일 경남 충무시 동호동 61번지 김영팔(金永八) 씨의 장남으로 출생.
1935년	경기중학 입학.
1939년	경기중학 4년 수료. 그 해 11월 경기중학을 제5학년에서 자퇴하고 동경으로 건너가 학원에서 입시 준비.
1940년	4월 일본대학 예술과 창작과(전문부) 입학.
1942년	12월 퇴학처분당함(사상 혐의로 요코하마 헌병대에서 1개월, 세다가야 경찰서에서 반 년을 유치되었다가 서울로 송치됨).
1943년	금강산 장안사에서 요양.
1944년	경남 마산의 명도석(明道奭) 씨 5녀 명숙과 결혼.
1945년	징용을 피해서 처가에 숨어 지내다가 해방을 맞음.
	8월 충무로 건너가 청마 유치환, 윤이상, 김상옥, 김혁림 제씨와 통영문화협회를 만들어 근로자를 위한 야간중학과 유치원을 경영하면서 연극, 음악, 문학, 미술, 무용 등의 예술운동을 전개.
1946-1948년	통영중학 교사.

1946년	조향(趙鄕), 김수돈 씨 등과 동인지 『낭만파』 발간.
1947년	제1시집 『구름과 장미』 상재.
1948년	마산중학 교사.
1949년	제2시집 『늪』 출간.
1951년	제3시집 『기(旗)』 출간.
1958년	6월 제4시집 『꽃의 소묘』 출간.
1958년	12월 한국시인협회상 수상(제2회).
1959년	4월 교수자격 심사 규정에 의해 국어국문학과 교수자격 인정받음.
	12월 자유아세아문학상(제7회).
1960년	해인대학 조교수.
1961년	경북대학교 문리대 전강.
1959년	4월 『한국현대시형태론』 출간.
1961년	『시론』 출간.
1964년	경북대학교 교수.
1966년	경상남도 문화상 수상.
1969년	제5시집 『타령조 기타』 출간.
1972년	『시론』(시의 이해) 출간.
1972-1974년	경북대학교 문리과대학 국어국문학과 주임.
1978년	영남대학교 문리과대학장.
1979년	영남대학교 문과대학장.
1980년	제11대 국회의원 문공위원.
1983년	경북대학교 명예 문학박사 학위.
1983-1986년	문예진흥원 고문.
1984년	대한민국 예술원상 수상.
1986년	『김춘수시전집』(서문당) 출간.

1986-1988년	한국방송심의위원회 위원장.
	한국시인협회 회장.
1989년	대한민국 문학상 수상.
	시집 『라틴 점묘』(문학과 비평사) 출간.
	시론집 『시의 이해와 작법』(고려원) 출간.
1993년	은관문화훈장 받음.
	시집 「서서 잠자는 숲」 출간.
1993-1994년	한국방송공사(KBS) 이사.
1994년	「김춘수 시전집」 출간.
1981-1995년	현재 대한민국 예술원 회원.

오늘의 시인 총서 2
처용

1판 1쇄 펴냄 1974년 9월 25일
1판 17쇄 펴냄 1990년 4월 30일
개정판 1쇄 펴냄 1995년 11월 20일
개정판 10쇄 펴냄 2020년 2월 6일

지은이 김춘수
발행인 박근섭, 박상준
펴낸곳 (주)민음사

출판등록 1966. 5. 19. 제16-490호
서울특별시 강남구 도산대로1길 62(신사동)
강남출판문화센터 5층 (우편번호 06027)
대표전화 02-515-2000 팩시밀리 02-515-2007
www.minumsa.com

ⓒ 김춘수, 1974. Printed in Seoul, Korea

ISBN 978-89-374-0602-7 04810
ISBN 978-89-374-0600-3 (세트)